Zindagi Ka Rangmanch

Kirdaar, Kahaniyan Aur Manzil

Aachal Chandrakant Maniyar

BookLeaf Publishing

India | USA | UK

Dedication

To dear **Bhagwanji**, thank you for all the blessings and for always having my back.

To my parents, **Chandrakant Maniyar** and **Anita Maniyar**, who taught me my first word and gave me the courage to express my feelings—I hope this book makes you proud.

To my parents, **Umesh Mehindru** and **Shubh Mehindru**, who never make me feel like a daughter-in-law and support me in everything I want to achieve—I am lucky to have you.

To my wonderful sisters, **Amrita Maniyar** and **Mokshita Maniyar**, my forever companions, who have loved me through all walks of life—your presence in my life is a story I cherish every day. I am grateful for both of you.

To my Prince Charming, my loving husband, **Kartik Mehindru**, who makes me believe in myself, whose presence makes every moment magical, and who makes me feel so special—you make me feel truly loved.

This book is a piece of my heart, and it belongs to you.

Preface

Poetry has always been my way of making sense of the world—of giving words to the emotions that often go unspoken.

This book has a collection of verses woven from moments of joy, success sorrow, love, failures, loss, resilience, and hope. Through these pages, there are celebrations of self-discovery, whispers of love and friendship, echoes of longing, beauty of never giving up. Every poem is a story—sometimes mine, sometimes yours, sometimes universal.

This book is for anyone who has ever felt deeply, who has stumbled and risen again, who has loved fiercely, and who continues to believe in the beauty of life despite its imperfections. If even one verse resonates with you, if even one line makes you pause and reflect, then this collection has served its purpose.

Acknowledgements

No journey is ever walked alone, and this book is no exception. It is the result of love, encouragement, and the countless moments shared with the people who have shaped my life in ways both big and small.

To my parents, my husband, and my sisters—thank you for always believing in me. Your unwavering faith has given me the courage to chase my dreams. Thank you for standing beside me and for always reminding me that my words matter.

To my close friends and family members from all walks of life, who have been my safe space, my sounding board, and my inspiration—your presence in my life has made all the difference. Some of these poems exist because of the memories we share, the lessons we've learnt together, and the bonds that continue to grow stronger.

And finally, to you, dear reader—thank you for letting my words into your world. As you turn these pages, I hope you find a piece of yourself in them. May they bring you comfort, nostalgia, or even a new perspective on the moments that shape us all.

This book is not just mine—it belongs to anyone who has ever loved deeply, learnt from loss, or found strength in life's lessons. It is a reminder that every connection leaves an impact and that every experience carries meaning.

With gratitude,
Aachal

1. Khwaishein

Aaj jab maut ne paas bulaya,
Toh maine pucha, "Itni jaldi? Ye kya zabardasti hai?"
Usne palat kar jawab diya,
"Arre pagli! Zindagi chhoti si hi hai, bas lambi dikhti hai."

Anth dekh ke,
Aankhein ghamgeen ho gayi aur karne lagi un lamhon ki
talaash,
Jo sapne adhoore se reh gaye,
Aur phir zehen se nikla ek hi shabd— *"Kaash!"*

Kaash ye kiya hota.
Kaash woh kaha hota.
Kaash waha gayi hoti.
Kaash uss pal, main na soti.

Hazaaron aisi khwahishon ke na pure hone ka dard,
Tha maut ke dard se bhi zyada.
Maine pucha maut se, *"Itni chot pahunchane ka kya tha*
tumhara iraada?"

Maut halka sa hasi, aur boli,
"Iraade toh tere bhi the anek,
Bachpan se ab tak jo sapne sajaaye the, unko palat ke toh

dekh."

Atit ki aur jab mann daudta hua bhaaga,
Boone hue khwab ka dikha kacha sa woh dhaaga.

Mayus si ho gayi jaan kar,
Ki un chhoti-chhoti tamannaon pe kabhi kiya hi nahi
gaur,
Jinse bandhi thi mere apno ki aur meri khushiyon ki dor.

Phir maut ne bataya mujhe jeevan ka yeh raaz,
*"Waqt jaisa bhi ho, uska moolya samjho aur har ek pal
ko banao khaas."*

Samajh gayi main meri galti jo thi badi thos,
Jiyo toh khul ke jiyo, aur maro toh bina afsos!

Ab bachi hui manzil thi bas maut,
Uske bohot kareeb thi main ja chuki.
Lekin maut ne door dhakela mujhe,
Bujhi hui chah mere rooh mein jal gayi, kyunki...

Aur phir achanak...
Bistar se neeche girne pe,
Main lagi hui chot dekh kar muskurayi,
Aur phir li meri saari ichchhaon ki taraf udaan,
Jinke liye thi main iss duniya mein aayi.

2. Comeback

Thi main pyaar iss shabd se anjaan,
Samajhti thi main isko naa samajho ka abhimaan.

Jung ke liye toh hazaron ankhon ne kiya tha elaan,
Phir pata nahi kyu...
Meri nazrein sirf tumse ladi, aur dil ka kiya balidaan.

Jab kaafi samay baad, main boonne lagi,
Zindagi bhar ke liye tere saath ka khwab,
Tune diya mere bin poochhe huye sawalon ka,
Chhodkar mujhe, muh todd jawab.

Gham ka andhera chhaya,
Mann mera bohot ghabraya,
Bharosa sabse uth sa gaya tha,
Manzar jaise chhoot sa gaya tha.

Phir dheere-dheere seekha phir se jeena,
Paaya woh hausla, jo tumne tha cheena.
Apne lakshya ki choti pe khade hote hi,
Jab khushiyon ke baadal chhaaye...
Hanskar idhar-udhar, aur phir jab neeche dekha,
Tum wapas the aaye.

Afsos ke saath dekhkar tujhe,
Aaj zehan mein ye baat aayi ki...

Shayad main tumse kabhi nafrat nahi kar paungi,
Par ye bhi sach hai ki...
Ab main tumhaare paas wapis nahi aaungi.

Ye mere ghamand ki nahi, mere aatm-samman ki baat
hai,
Main nahi bhool sakti,
Tumhari yaadon mein tadapte huye din, aur rulaane wali
raatein.

Shayad sirf baaton mein hi tha pyaar tera,
Ab bas ye kuch chand shabd hai jo mujhe kehna...

Jab main mushkilon ke samundar ki gehrai mein dubki
laga rahi thi,
Mujhe rokne ke liye,
Tum nahi the.

Jab main apni manzil ki aur langdaate huye badh rahi
thi,
Mujhe sahaara dene ke liye,
Tum nahi the.

Jab mujhe mere gharwalo ki baatein bataane ka mann

hua,
Toh mere sir ko apne kandhe pe rakhkar,
Baal sehlaane ke liye,
Tum nahi the.

Jab logon ne mujhe galat samjha,
Tab mera haath pakad kar,
Cheekh-cheekh kar meri taarifon ka dhindora peetne ke
liye,
Tum nahi the.

Agar tum kahin the hi nahi,
Toh ab hoke bhi kya karoge?
Ab kya meri alag-alag rango se bhari zindagi ko kaala-
safed karoge?
Baaton mein mujhe phansaake,
Kya mere jazbaaton ke saath phir se kheloge?

Main toh tumko sazaa nahi dungi,
Par kya apni galtiyon ke liye tum kabhi apne aap ko
maaf karoge?

Mujhe ratti bhar fark nahi padta...
Kyuki tum mere bhavishya mein toh kya,
Ab tum mere atit ke panno mein bhi nahi rahoge!

3. Kya main sach mein badi hone lagi hu?

Tab gubbare phootne ka dar lagta tha, ab toota dil baar-baar jod kar aage badhne lagi hu.

Khelte the hum gali mein pakdam-pakdai pehle, ab 24 ghante computer ke saamne khwabon ka pichha karne lagi hu.

Baarish ke gaddo mein kud-kud ke hasa karti thi, ab hasne ke liye bade-bade maukon ke bahaane dhoondhne lagi hu.

Kya main sach mein badi hone lagi hu?

Papa-mummy ki godh mein sone se saari mushkilein hal ho jaati thi,
ab chhoti baaton ko soch-soch ke khud hi takleefein boonne lagi hu.

Saari pratiyogitaon mein mazza lene ke liye hissa leti thi,
ab apne samay ka hissa dene ke liye bhi faayde ka mol-bhaav karne lagi hu.

Kya main sach mein badi hone lagi hu?

Tab bhoot se darr lagta tha, ab apne sapno ko na paane
ke dukh se darrne lagi hu.

Tab nayi-nayi sharaaraton ke liye tarkeeb sochti rehti
thi,
ab logon ke kapat ka kaise jawab du, ispe dimaag kharch
karne lagi hu.

Tab doston se milna itna aasan tha,
ab plan cancel hone par naya plan bana ke dil ko milne
ki tasalli dene lagi hu.

Kya main badi hi nahi, dukhiyari bhi banne lagi hu?
Apni hasi se pehle duniya ke niyamon ko chunne lagi
hu?
Umar toh badhti rahegi, par bachpana – jisme asli maza
tha – kyun main khone lagi hu?

4. First step

Manzilein milegi tujhe ek din, woh bhi anek.
Tu bas pehla kadam chalke toh dekh.

Paane ka raasta lamba ho chahe, tujhe dheere-dheere
badhte hai rehna.
Jo ruk jaata hai, woh aise bhi kuch nahi paata, tu bas
chal, maan ke dil ka kehna.

Haan, kathin toh hota hai kaanton bhare raaste par
chalte jaana,
Par usse bhi kathin hota hai apne aap ko shuruwat karne
ka hausla dilaana.

Khoon-pasina ek karke koshish karne par aayegi tujhse
jeet ki mehak.
Tu bas pehla kadam chalke toh dekh.

Chahe naukri paana, apne aap ko tandurust banana, khel
mein avval aana, ya kisi ko dil ki baat batana—
Jo bhi tere sapne hain, unhe panne pe likh.
Baar-baar dekhke milne pe jo khushi hogi, woh abhi
mehsoos karna seekh.

Mauka yahi hai, jo abhi hai. Baad mein nahi hota afsos

aur bahaane ka koi mol.
Tu mehnat karne par agar nahi jeeta, toh phir bhi woh
haar hogi anmol.

Gham ke baadal hat jaayenge, tu apne aap se khush hoke
chehek.
Tu bas pehla kadam chalke toh dekh.

Darr agar lage kabhi, toh usko tul na deke apne aap ko
de dilaasa.
Agar paani zameen mein hai hi nahi, toh kuaan khodne
wala bhi reh jaata hai pyaasa.

"Log kya kahenge?"—ye pracheen kaal ke sawaal ka uttar
bhulaake, jo teri marzi ho, woh karne ki himmat rakh.
Roz chhoti-chhoti koshish se tujhe ek din bada uphaar
zindagi degi, is is mein nahi h koi shaq.

Tujhe sab kuch prapt hoga, bas moh-maaya se mat jaana
behak.
Tu bas pehla kadam chalke toh dekh.

5. Not giving up

Aaj sunani hai mujhe tumko ek kahani,
Jo nayi si hai, par lagegi tumko shayad jani-mani.

Toh...

Yeh kahani mein hain do bhai,
Jinki ho gayi thi bohot badi si ladai.

Tha naam ek ka *Mehnat*, dusre ka tha *Jeet*,
Ek dushman ne unko alag karke raj karne ki nibhayi
purani reet.

Haar, tha uss dushman ka naam,
Jisne *kamzor aatmavishwas* aur *darr* ki madad se kiya
dono bhaiyon ka kaam tamaam.

Mehnat ko door karwaake laa di dono ke beech mein
daraar,
Tabhi *Hausla* Mehnat ke paas aaya aur samjhaya usse
baar-baar.
Phir Mehnat ko samajh aaya apna dosh aur laut aaya
Jeet ke liye uska pyaar.

Yeh kahani ke hain do annt,

Jo bhi tu likhna chahe,
Ya toh Mehnat Jeet ka peecha kare,
Ya phir baithkar bas pyaar hi karta reh jaaye.

Sab teri soch ka hi toh khel hai,
Warna Mehnat aur Haar ka kahan mel hai?

Agar dono mil bhi gaye, toh iska matlab yeh nahi ki sab
khatam aur
Zindagi khokli si lagne de,
Dhoondho toh jeevan mein milte khushi ke hazaaron
nagme hain.

Ek Haar ka prahaar,
Tere liye laata hai chhupi hui himmat ka uphaar.

Tu Haar ko mat samajh jaise koi sazaa,
Haar ko apna banaakar door chhod jaane ka alag hi hai
mazza.

Jo tujhe galat samjhein, unko pehle nadaan samajh ke
maaf kar,
Phir apni manzil paane ke baad,
Dukh wale unke aansu tu hi saaf kar.

Tu daud, tu chal, tu ghisatt-ghisatt kar badh,
Tu soch, apne aapko badal,

Aur nikaal de fizool se darr ki jad.

Tu galti kar, tu gir, aur saath mein rakh hamesha apna
manobal,
Phir saara jahaan tere saath hoga aur mil jayega sab
mushkilon ka hal.

Ghaav mile agar bohot gehre,
Toh unpe apni hasi ka marham laga,
Arre! Tu dheet aur bekhauff bann,
Uss chattaan ki tarah.

Aaj hi apni manzil ka naksha bana,
Ab zyada sochkar vyarth mat kar ye keemti pal,
Bhram hota hai ye shabd jisse kehte hain kal.

Aur jab... ek din...
Tere kashto ka ghada puri tarah se bhar jayega,
Bhagwan bhi tujhse Tathastu kehne har roop mein
aayega.

6. Kabhi kabhi main tumhare baare mein soch leti hoon

Kabhi kabhi main tumhaare baare mein soch leti hoon,
Tum jin baaton pe daanta karte the, woh shaitaniyan
phir kar leti hoon.

Tumhaari ungliyon ka sparsh,
Tere kandhe par sone ka ehsaas aaj bhi yaad aata hai.
Jab meri godh mein, tumhaari jagah koi aur sir rakh ke
so jaata hai.

Tasveer tumhari koi rakhi nahi,
Par aankhen moond ke tumhaara chehra dekh leti hoon.
Aur in yaadon ke zakhmon par marham sa laga leti
hoon.
Kabhi kabhi main tumhaare baare mein soch leti hoon...

Tera haath pakad ke saari raat, saare din guzarte the,
Baaton mein teri, lafzon ke saath... hum bhi khone se
darrte the.

Tere alawa kisi aur pe itna vishwas aaj bhi karne se
darrti hoon,

Tum ek seekh the... bhool nahi!
Ye tasalli achhe lamhon ko yaad karke, apne aap ko deti
hoon.
Kabhi kabhi main tumhaare baare mein soch leti hoon...

Beet gaye ab pal kaafi,
Main bhi aage badh chuki.
Chhod ke tumko bohot koshisho ke baad,
Iss safar mein, main kahin nahi jhuki.

Seekh liya ab jeena tum bin,
Ab naa gussa tumpe aata hai...
Sahi-galat ka faisla seedha uss jahaan mein milke
karenge,
Upar wale ke paas likha saara khaata hai.

Meri dua-manokamna tumhaare saath rahegi.
Main zindagi nahi toh kya,
Ek hissa toh ban saki...
Shayad meri yaadein tere saath rahegi.
Mera shehzaada ghode pe sawar hoke jald hi aayega!
Ye maan ke, apne nadaan dil ko kathor hone se rokk leti
hoon.
Kabhi kabhi main tumhaare baare mein soch leti hoon...!

7. Sach

Khushi dekar dusro ko,
Jo muskaan mili woh sachi hai.

Achhai aur daan karke,
Jo pehchaan mili woh sachi hai.

Chot lagne par bhi ruke nahi,
Jo himmat mili woh sachi hai.

Durr hokar bhi koi paas lage,
Jo jazbaat mile woh sache hain.

Laakh buraiyan hote huye bhi saath hai,
Jo yaar mile woh sache hain.

Mukaam haasil kar lene par,
Jo aansu nikle woh sache hain.

Seva karke maa-baap ki,
Jo bhagwaan mila woh sacha hai.

Dusro ke gham mein ro pade,
Jo dil mila woh sacha hai.

Khul ke har pal zindagi ke jo jee le,
Jo insaan mila woh sacha hai.

Agar apne aap se pyaar ho toh,
Zindagi ka safar jo chuna woh sacha hai.

8. Best of both worlds

Tootega nahi toh seekhenge nahi ki jodte kaise hain.

Girenge nahi toh seekhenge nahi ki uthte kaise hain.

Gham ne rulaya nahi toh jaanenge nahi ki khushi ke aansu kaise pochhte hain.

Darenge nahi toh samjhega kaise ki himmat kahaan se sanjote hain.

Paani mein tairna bhi toh doobke hi sikha.
Sikke ko bhi dono pehlu se dekhne ka hota hai asli tareeka.

Bikhrega nahi toh seekhenge nahi ki samette kaise hain.

Uljhega nahi toh seekhenge kaise ki sulajhta kaise hain.

Prakrati ka ye khel hai saara...
Jitna mile, usme khush hokar karo guzara.
Haar ho ya jeet, apna kar aage badhte jao...
Kyunki ye zindagi sach mein nahi milegi dobara.

9. Hum Insaan bohot ajeeb hote hain

Hum insaan bohot ajeeb hote hain,
Auron ke gham pe haste hain, aur doosron ki khushi
mein rote hain.

Bimari mein koi saath nahi deta,
Par khone ke baad unhi ki yaadon mein gum hote hain.

Jo mil gaya, uski kadar nahi karte,
Aur jo paa nahi sakte, uske sapne sanjote hain.

Hum insaan bohot ajeeb hote hain.

Saara samay "ek din ye karunga" kehkar vyarth karke,
Jo pal mila hai, use bhi kho dete hain.

Hum insaan boht ajeeb hote hain.

Jinhone humein chalna sikhaya unse hi Jhoot bolkar
Galat Raho par Daudte hain.

Hazar achhaiyo ko nazarandaz karke, ek burai ke
wajehse rishta Todte hain.

Jawani ka intezar karte hain,
Aur bade hone par, bachpan ki yaadon ke moti pirote
hain.

Jo beet gaya, uska bojh uthakar,
Jo aane wala hai, usse aankh chura lete hain.

Hum insaan bohot ajeeb hote hain.

Ishq ka matlab samajhne se pehle,
Faaslon ki deewarein khadi kar lete hain.

Apno se baat karne ka waqt nahi,
Par anjaanon se taqdeer jaanne ke tareeke azma lete
hain.

Bhale, bure, sache, jhoothe—
Jaise bhi hote hain...
Hum insaan bohot ajeeb hote hain.

10. Doorie

Tujhse ek pal bhi door rehkar,
Adhura se ye lamha, roshni mein bhi khota hai.

Mera dil tere bina pagal sa hota hai,
Aur iss sunepan se, bheed mein bhi tanha rota hai.

Tujhe chhune ki tamanna mein,
Sab kuch daav pe laga sakti hoon main.
Teri ek hasi ko qaid kar loon pehlu mein,
Aisi ichha, mera mann sanjota hai.

Jahan bhar ke gulaabon se bhi nahi milti,
Teri woh khushboo,
Jiske liye mujhe bechaini si hoti hai.

Neend mein toh tere kareeb reh saku,
Isliye kisi na kisi wajah se,
Mera sharir thodi aur der sota hai.

Kya tum bhi mere baare mein sochte honge?
Yeh sawaal hazaaron baar mere hothon pe aata hai.
Tu sach hai ya koi bhram?
Kya pyaar mein aksar aisa hi hota hai?

11. To my Pappa

Tab meri ungli pakadke mujhe sambhalte the,
Ab apni sikhai hui baaton se sahaara dete ho.

Tab mere door jaane se aapki aankhon se aansu beh jaate the,
Ab door rehkar bhi sapno mein muskurake milte ho.

Tab dukh mein ice cream khilakar chup karwaate the,
Ab dukh mujh tak aane hi nahi dete ho.

Tab palkon pe bithakar rakha tha,
Ab aasman mein udne ki kshamta dete ho.

Tab gaadi pe poora sheher ghumaate the,
Ab kahin kho na jaun, isliye hamesha saath rehte ho.

Pappa... aap mujhse itna saara pyaar kaise kar lete ho?

12. To my Mumma

Bachpan se ek khwaish thi meri.
Mile koi Superman ya Fairy.
Kisi ne sach mein meri ye mannat poori kar di.
Meri Mumma toh superwoman nikli.

Koi burai hum tak nahi aane deti.
Saamna kathinaiyon ka bina dare hi woh kar leti.

Driver, cook, teacher ka kaam toh bina shikayat ke dil se
hamesha poora kiya.
Ghar toh sambhalne ke liye thi hi mashhoor,
Par dukandaari ki taraf bhi apna kadam badha liya.

Woh hai bohot sensitive, you will understand if you
meet.
But damn! She is at the same time really strong to beat.

Mumma ke saath-saath, Pappa ka farz bhi karti hai woh
poora.
Woh hai humare saath, ye samjha ke lagne nahi deti
zindagi mein kuch adhoora.

Par ek cheez ka dena chahti hoon main unko gyaan.
Ab bilkul bhi tyaag nahi karna apni khushi,

Superpowers use karke bata dena un logon ko jo karte
hain pareshan.

Sabse tasty khaana karti hai woh serve.
Iss jahaan ki saari khushiyan karti hai woh deserve.

Main iss duniya mein hoon sabse lucky because she gave
me birth.
I cannot describe in words... her worth.

Apno ko khush kar deti hai woh meethi si baat.
Mushkil ke samay hamesha hoti hai woh mere saath,
Chahe din ho ya raat.

Laga nahi tha sambhal payegi woh apne aap ko bhi.
Par humko tak behad khoob sambhaala,
Jab se ye duniya ki sachai sikh li.

Meri Mumma toh superwoman nikli!

13. Uski Taarif

Usne kaha, "Taarif karo meri..."
Maine kaha, "Taarif ki taarif hogi agar maine tumhari
taarif kar li."

Dariya ke behte huye *paani* ki awaaz se bhi woh sukoon
nahi mil paata,
Jo tumhari hasi ki khanak *sunne* par hai mil jaata.
Kya batau tumhe?
Tumhaare khush ho jaane ka aur mera dil dhadakne ka
kitna attoot hai naata.

Tumne mehsus ki hogi na pehli baarish ki *mitti* ki suhani
khushboo.
Main bhi tumhari *mehak* ko aise hi mehsus karti hu,
Chahe tum ho ya nahi mere rubaroo.

Jaise *aag* ki laptein sardi ki thithurti raaton mein deti hai
garmahat se naram.
Wohi sukoon mujhe tumhe *dekh* ke milta hai,
Jo mere patthar se dil ko deta hai mulayam.

Jab bhi pahadon ki thandi *hawa* mere zulfon ko sehlati
hai,
Tumhari ungliyon se mere baalon ki lat ko kaano ke

piche karne ka *ehsaas* yaad dilaati hai.

Taaron bhare *aakash* mein jaise woh ek Dhruv Tara hota
hai sabse khaas,
Waise hi hai tere Amrut se pyaar ki *mithaas*.

Aur kya kahu ab teri taarif mein?
Shabd toh kaafi mile, par samjha na paaye,
Teri khubsurti ki gehraiyon ko milakar bhi sab.

14. Second Love

Pehle pyaar jaisa koi pyaar nahi hota,
Iss baat ke khilaf jaane ki jurrat mere dil ne ki hai.
Shayad iss baar, sahi insaan se maine mohabbat kar li
hai.

Log haath pakadte huye dikhte hain jab,
Main khwaishein pakad ke aage badhne lagi hoon.
Main aajkal apne aap se pyaar karne lagi hoon.

Akelepan aur akele rehne mein hota hai fark,
Ye maine ab maana.
Jab khud se guftagoo karke,
Khud ko dhoondhne ka alag hi mazza hota hai,
Ye jaana.

Duniya ko haraake hazaaron ki taarifein sunne ka sapna
nahi hai mera.
Pehle se behtar banne ki jung mein,
Khud ko haraake khilta hai ab ye chehra.

Chhoti chhoti khushiyon ko jeb mein rakhke,
Bade bade kathinaiyon ke jawaab kharidne lagi hoon.
Main aajkal apne aap se pyaar karne lagi hoon.

Kisi aur se gulaab, tohfe aur samay milne ka intezaar
nahi rehta ab,
Kyunki ye khwaishein main bin maange hi puri karti
hoon.
Kaise main kisi aur ko apna "better half" bana loon,
Jab main hoon hi nahi adhuri!

Apno ki muskurahat se behtar nahi hota khoobsurat koi
nazaara.
Par ye muskaan baantne ke liye bhi,
Toh hona chahiye khud ke paas utsah ka pitaara.

Maana ki sab kuch nahi hai mere paas,
Par jo kuch hai,
Usi ko istemaal karke aasmaan ki unchaiyon par
chadhne lagi hoon.

Main aajkal apni tarakki se,
Apni mehnat se,
Apne hausle se...
Aur haan,
Apne aap se pyaar karne lagi hoon.

15. Ehsaas

Yaad karu antim mulaqat wala din,
aaj bhi toh rongte khade ho jaate hain.
Aur phir kaanon mein goonjti,
akhri baar ki hui woh baatein hain.
Par, mera dil hamesha kehta
rehta hai...

Aap nahi ho mere paas,
aapne chhod diya hum sabka saath.
Main kaise maan loon yeh baat?
Jab hamesha mehsoos hota hai,
mere sir par aapka haath.
Mere sir pe aapka haath.

Aap ho – yeh jhooti tasalli nahi,
iski bohot thos si hai wajah.
Jaadui si madad milti hai aapse,
jab mushkilon ka bawandar,
deta hai dukh ki saza.

Hamesha khwabon mein aake...
Mera aapse milne ka khwab,
pura kar dete ho.
Mujhe pata hai, aap mujhse,

abhi bhi bohot pyaar karte ho.

Neend tab nahi aati,
jab kho jaata hai kisi apne ka saath.
Par, aap toh kareeb hi ho,
toh aapko yaad karke,
kyun jaagun saari raat?

Jab hamesha mehsoos hota hai...
Mere sir pe aapka haath.
Mere sir pe aapka haath.

Thandi hawa ka sparsh,
meethi si dhun, baarish ka paani bankar,
hamesha humaare kareeb rehte ho.
Yeh baat, aap logon se,
kyun nahi kehte ho?

Log puchte hain,
"Woh tujhse door chale gaye,
phir bhi itni sukoon mein tu kaise reh paati hain?"
Meri muskurahat aur pagalpan,
dekhkar hi toh, aapki aankhein,
khushi se bhar jaati hain.

Aapka aasra hai,
tabhi toh nahi kam hota,

aapse mila atmavishwas aur thaat.
Toh kyun maanungi main,
kathinaiyon se apni maat?

Jab hamesha mehsoos hota hai,
mere sir pe aapka haath.
Mere sir pe aapka haath...

Aap abhi bhi zinda ho.
Hum sab mein basti aapki jaan hai.
Aap hamesha se mere liye abhimaan ho,
aur haan, mere Bhagwan ho...

Kisi apne ko khone ka dard kya hota hai,
main nahi jaanti...
Kyunki maine sikha hai jeevan mein
aapko pratit karne ka path.

Aur toh aur...
Mujhe hamesha mehsoos hota hai,
mere sir par aapka haath.

16. Haan kehne ki bimari

Kya tumhe bhi "na" nahi kehne ki bimari hai?
Tumhe sab kuch doosre ke hisaab se karke, apni kismat
kyun azmaani hai?

Jab woh bole, "Chal, yeh kar le,"
par mann kahe, "Yeh sahi nahi hai,"
to bejhijhak karo inkaar,
apna swabhimaan hamesha rakho apaar.

Woh insaan tumhara hai hi nahi jo bas "haan" sunna
chahta hai.
Jo samjhe tumhari "na" ko bhi,
sach mein apna wahi kehlata hai.

"Na" ko mat banao koi majboori,
yeh nahi hai koi kamzori.
Apni soch ko ehmiyat dena,
tum darr kar "haan" mat kehna.

Bachpan se sikhaya jaata hai, doosron ko khush karne
ka sirf "haan" kehna hota hai raaz.
Par tum khud ko is chakkar mein kar doge naraaz.

Tum chahe badi si baat ko agar karte ho mana,

apne aap ko upar rakhne mein nahi hai koi bhi gunaah.

Toh agar tumko "haan" kehne ki bimari hai,
toh soch lo, yeh aadat kaise chhudaani hai.

17. Thank you

Kis-kis ka karun main shukriya, ki mujhe ye jeevan suhana mila,
Jaise dariya ko kinara mila, waise hi mujhe zindagi jeene ka taraana mila.

Shukriya us subah ka, jo uddne ka hausla laati hain,
Sunehri kirnein jo andheron ko mitaati hain.
Shukriya un taaron ka, jo raaton ko sajate hain,
Ummeedon bhari aankhon ko chain dilate hain.

Shukriya un haathon ka, jo saath jud jaate hain,
Sang rehte hain jo, tab bhi jab anjaane raaston par kho jaate hain.
Shukriya un baaton ka, jo dil mein hamesha rehti hain,
Jo galti karne se pehle hi humein sambhal leti hain.

Shukriya un yaadon ka, jo mann ko behlati hain,
Kabhi muskurahat, kabhi khushi ke aansu tohfe mein de jaati hain.

Shukriya parivaar ka, jo har mod pe hai saath,
Apna saath nahi chhodta, chahe mile jeet ya maat.
Shukriya doston ka, jo har mausam ko khaas banaate hain,

Apne ghum ko ek chhoti si chutkule se jo door bhagaate
hain.

Shukriya pyaar ka, jo dilon ko jodta hain,
Bina maange sab kuch dene ki taakat rakhta hain.

Shukriya har pal ka, jo ek nayi kahani likhne ka mauka
deta hain,
Chahe jo samay ho, aadmi badalne ki kshamata deta
hain.

18. Seekh

Kuch log milkar ghum ho jaate hain,
Aur kuch log ghum hokar apne aap se mil jaate hain.

Hasi aati hai is baat par ki...
Kuch log saath rehkar bhi kuch nahi seekh paate,
Aur kuch log saath chhodkar mushkil raaston ko paar
karna seekh jaate hain.

Koi puche ki tumne ab tak zindagi mein kya kiya hai?
Toh hum...
Humaari wajah se muskuraate hue chehron ki tasveerein
dikhate hain.

19. Affirmations

Mujhmein hai roshni, jo andheron ko mita sakti hai,
Mujhmein hai hawa, jo bechainiyon ko shaant kar sakti
hai,
Mujhmein hai dariya, jo har rukawat ko paar kar sakta
hai.

Mujhmein hai shakti, jo har chunauti se lad sakti hai,
Main hoon hausla, jo gir kar bhi uth sakta hoon.
Mujhmein hai pyaar, jo khud ko sveekar kar sakta hoon,
Mujhmein hai vishwas, jo har sapna sakaar kar sakta
hoon.

Mujhmein hai khushboo, jo har manzar mehka sakti hai,
Main hoon rang, jo har zindagi ko saja sakta hoon.
Mujhmein hai shanti, jo mere mann ko sukoon de sakti
hai,
Mujhmein hai pragati, jo har din mujhe behtar bana sakti
hai.

Main apni kahani khud likh sakta hoon,
Main apni taqat khud pehchaan sakta hoon.
Main aaj bhi acha hoon, kal isse bhi zyada acha rahunga,
Main jeevan ko bina pachhtava kiye apna sakta hoon.

20. Dosti

Jab khelne ka mann tha, woh tha saath mere.
Jab zindagi mujhse khel rahi thi, tab bhi tha uska haath
kandhe par mere.

Sab rishton se hai ye rishta anmol,
Jisme pyaar jataane ke liye istemal kiye jaate hain bas
kadwe bol.

Usne mujhe bhatakne par hamesha raasta dikhaya,
Niche girne par haath badhaya,
Aur dukhon ki baarish mein, chhata ban chhaya.

Lukka-chhupi ho ya patang ka maidan,
Jeet ho ya haar, hamesha tha samman.

Masti ke lamhon mein be-had hanse,
Shararton ke baad ek saath phanse.
Kahin par kisse, kahin thi kahani,
Iske saath khaas sukoon milta hai, chaahe bachpan ho ya
jawani.

Raaton ki lambi baatein,
Subah ke woh "ye saath karenge wale" sapne,
Dil ke raaz iske paas saare qaid hain apne.

Chahe door hi kyu na ho,
Bas ek awaaz se hi lagne lagta hai dil ke kareeb.
Jiske paas achha dost na ho, woh hota hai sabse gareeb.

Ye bandhan hota hai rishton se bhi gehra,
Meri dua hai ki ye saath rahe sada,
Hamesha khilta rahe iska chehra.

21. Atoot Bandhan

Kabhi ek dusre pe hase, kabhi ek dusre ko rulaya,
Par ek saath hamesha rahe, jaise ho ek dusre ka saaya.

Kabhi bina wajah lad kar kiya prahaar,
Par chahe jitni ho takraar,
Ek saath khade rahe har baar.

TV ka remote chheenne ka alag hi tha maza,
Aur mummy-papa ko ek dusre ka jhootha naam bataakar
dilayi thi saza.

Khilone se lekar kapdon ki hamesha adla-badli thi,
Har baar saath samay bitaake muskurahat ujli thi.

Khaane mein zyada hisse wali plate uthate the,
Par school ki chocolate mil-baant ke khaate the.

Mere bank account mein hota hai tera adrishya khaata,
Paise saare hain tere, Chahe mera nafa ho ya ghaata.

Ladai chahe jitni bhi ho jaaye,
Koi teesra beech mein na aaye.
Ek dusre ko hum khud hi sata sakte hain,
Par kisi aur se dukh saha nahi jaaye.

Raat ko bhoot ki filmein dekhkar darr jaana,
Aur phir bhi ziddi banke dobara chalana!

Alag-alag rules banaake ki dher saari shararatein,
Bade hone par baaton mein khoi kitni hi raatein.

Dono saath hamesha, chahe koi bhi ho haalat,
Dooriyon ke bawajood dil ki rahti hai mulaqat.

Kabhi doston se zyada pyaare,
Kabhi dushman se bhi zyada bhayankar!
Saath mil jaayein agar, toh jeene ke maze lete hain jamkar.

Rishta yeh lafzon se pare,
Na naap sakey, na tol sakein!
Kismat se jo jud gaya yeh bandhan,
Sadiyon tak phir na toot jaaye.